WAVE IN WAVE OUT

D'UNE VAGUE À L'AUTRE

ВЪЛНА СЛЕД ВЪЛНА

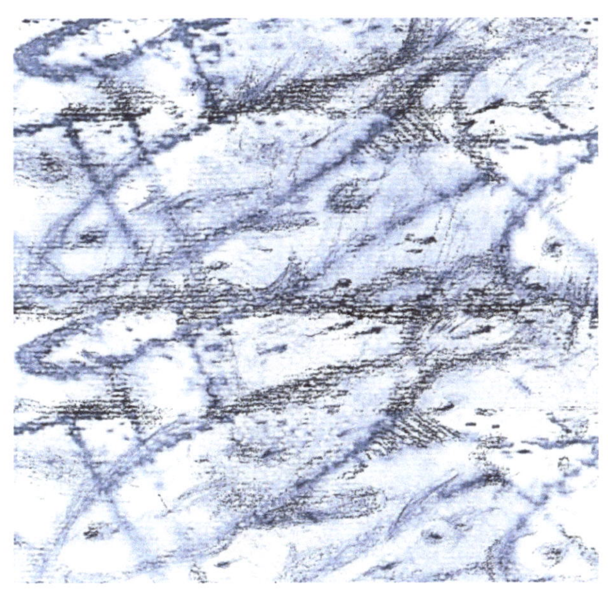

Zlatka Timenova
Alexandra Ivoylova

Zlatka Timenova
Alexandra Ivoylova

D'UNE VAGUE À L'AUTRE

ВЪЛНА СЛЕД ВЪЛНА

WAVE IN WAVE OUT

haïkus en trois langues

bulgare, français, anglais

Насреща ни е лятото... и заливът
с триъгълните си криле.
Спасени сме.
Христо Фотев

Chaque vague sait qu'elle est la mer.
Ce qui la défait, ne la dérange pas, car
ce qui la brise la recrée.
Lao-Tseu

Il est des portes sur la mer
que l'on ouvre
avec des mots.
Rafael Alberti

Thanks to S. Valtchev for the pre-press processing.

To Readers

The book, titled "Wave in wave out ", is about the sea, the coast, the sand, the beach, the summer and the winter. It is written as a poem in two voices, that enter in harmony with the voices of the waves – strong, gentle or evanescent. The waves of the sea, always the same, always different, appearing and disappearing, never finishing. Therefore, the book is about our life, our days – similar and distinct, passing and perennial as the waves.

Our readers could listen to the music of the wind, feel the sun in their eyes or envy the freedom of the seagulls. The sea helps us to understand ourselves, to become stronger, to be free.

As Rainer Maria Rilke says:

"When anxious, uneasy and bad thoughts come, I go to the sea and the sea drowns them out with its great wide sounds, cleanses me with its noise, and imposes rhythm upon everything in me that is bewildered and confused."

Zlatka Timenova

Zlatka Timenova

скалист бряг
чайката е облак
облакът е чайка

falaise rocheuse
la mouette est un nuage
le nuage est une mouette

steep cliff
the seagull is a cloud
the cloud is a seagull

Alexandra Ivoylova

съмва се
чайки догонват
синия вятър

le jour se lève
des mouettes rattrapent
le vent bleu

day dawns
gulls catch up with
the blue wind

Zlatka Timenova

рибарски лодки
донасят залеза
в мрежите

des barques de pêche
ramènent le couchant
dans les filets

fishing boats
bring the sunset
back in the nets

Alexandra Ivoylova

гласовете на морето
през всички прозорци
изпълват празния дом

les voix de la mer
à travers toutes les fenêtres
emplissent la maison vide

voices of the sea
through all the open windows
fill the empty home

Zlatka Timenova

рибарят боядисва
старата си лодка –
първа любов

le pêcheur repeint
sa vieille barque –
premier amour

the fisherman repaints
his old boat –
first love

Alexandra Ivoylova

ветровито
облаци и платноходки
в една посока

le vent souffle sans cesse
des nuages et des voiliers
dans la même direction

blowing winds
clouds and sailboats
in the same direction

Zlatka Timenova

малък остров
очите на децата
отдалечават хоризонта

petite île
les yeux des enfants
éloignent l'horizon

small island
children's eyes
move on the horizon

Alexandra Ivoylova

връщат се рибарите
под стъпките им
сребърни люспи

les pêcheurs rentrent
sous leurs pas
des écailles argentées

fishermen return
underneath their footsteps
silvery scales

Zlatka Timenova

рибарят е сам
със зората –
приказката започва

le pêcheur est seul
avec l'aube –
le conte commence

alone the fisherman
and the dawn –
the tale begins

Alexandra Ivoylova

в края на тясната улица
блести
лунният край на морето

au bout de la ruelle
brille
le bout lunaire de la mer

down the narrow street
shimmers
the moon-end of the sea

Zlatka Timenova

морето бучи
котката свита
до мен

la mer gronde
le chat blotti
contre moi

the sea grumbles
the cat snuggled
up to me

Alexandra Ivoylova

срещу вятъра
два чаршафа се люлеят
на въжето на хоризонта

contre le vent
deux draps ondulent
sur la corde de l'horizon

in the wind
two sheets sway on the clothesline
of the horizon

Zlatka Timenova

пред океана
мълвя думи
за прошка

devant l'océan
je murmure des mots
de grâce

facing of the ocean
I'm whispering words
of forgiveness

Alexandra Ivoylova

по пясъчния бряг
следи –
път в безкрая

sur le sable de la côte
des traces –
la voie vers l'infini

along the sandy beach
tracks –
a path into infinity

Zlatka Timenova

есенно море –
водорасли и спомени
на пясъка

mer d'automne –
des algues et des souvenirs
sur le sable

autumn sea –
algae and memories
on the sand

Alexandra Ivoylova

отиде си рибарят
потъна в морето
и сянката му

le pêcheur n'est plus
son ombre même
a sombré dans la mer

the fisherman is gone
sunk into the sea
his shadow

Zlatka Timenova

свечеряване
неподвижни чайки
мислят света

crépuscule
des mouettes immobiles
pensent le monde

dusk
still seagulls
think the world

Alexandra Ivoylova

люспи-звезди
до хляба и виното
небесна трапеза

des écailles-étoiles
à côté du pain et du vin
festin céleste

scaly stars
beside the bread and wine
a celestial feast

Zlatka Timenova

големи бели птици –
вятърът отнася
последните чадъри

de grands oiseaux blancs –
le vent emporte
les derniers parasols

big white birds –
the wind blows away
the last parasols

Alexandra Ivoylova

есенни плажове
огнен тигър в небето
преследва ятата

plages d'automne
un tigre de feu dans le ciel
poursuit les volées

autumn beaches
a fiery tiger in the sky
chases the flocks

Zlatka Timenova

дълбока нощ
корабна сирена
смущава сенките

nuit profonde
une sirène de bateau
trouble les ombres

deep night
a boat siren
disturbs the shadows

Alexandra Ivoylova

вик на гларус
вълните пеят песента
на сиромашкото лято

crie d'un goéland
les vagues chantent la mélodie
de l'été indien

a seagull calls
the waves humm the song
of Indian summer

Zlatka Timenova

фериботът
и слънцето потъват
заедно на хоризонта

le ferryboat
et le soleil coulent
ensemble à l'horizon

the ferry
and the sun sink
together on the horizon

Alexandra Ivoylova

падаща звезда
вкусът на устните ти
за първи път

étoile filante
le goût de tes lèvres
pour la première fois

a falling star
the taste of your lips
for the first time

Zlatka Timenova

пустее плажът
вятърът се забавлява
в пясъчния замък

plage dépeuplée
le vent s'amuse
dans le château de sable

the beach is empty
the wind has fun
in the sandcastle

Alexandra Ivoylova

в сенките на дюните
криехме целувките си
от морето

dans les ombres des dunes
nous cachions de la mer
nos baisers

in the shadows of the dunes
we hid our kisses
from the sea

Zlatka Timenova

далеч в морето
неподвижен кораб –
твоята сянка

loin dans la mer
un bateau immobile –
ton ombre

far out at sea
an unmoving boat –
your shadow

Alexandra Ivoylova

ято диви гъски
реката отнася към залива
багрите на есента

une volée d'oies sauvages
la rivière emporte vers la baie
les couleurs de l'automne

a flock of wild geese
the river drifts into the bay
the hues of autumn

Zlatka Timenova

нощ на плажа
бездомникът докосва
струните на самотата

nuit sur la plage
le sans-abri frôle
les cordes de la solitude

a night on the beach
the homeless man touches
the strings of loneliness

Alexandra Ivoylova

безлунна нощ
слива небето и земята
мълния

nuit sans lune
liant le ciel et la terre
un éclair

moonless night
merging sky and land
a bolt of lightning

Zlatka Timenova

зимно слънце
стъпките ни в пясъка
ще останат топли

soleil d'hiver
nos traces dans le sable
seront toujours chaudes

winter sun
our traces in the sand
will remain warm

Alexandra Yvoylova

силуетите ни
в пясъка вдълбани –
преди колко ли лета

nos silhouettes
creusées dans le sable –
depuis combien d'étés

our silhouettes
engraved in the sand –
how many summers ago

Zlatka Timenova

между дюните
сухи треви и
ивици небе

entre les dunes
des herbes sèches et
des raies de ciel

between the dunes
dry herbs and
rays of sky

Alexandra Ivoylova

нощна буря
капитаните сънуват
своите разбити кораби

nuit d'orage
les capitaines songent
à leurs bateaux engloutis

tempest in the night
the captains are dreaming
of their wrecked ships

Zlatka Timenova

каменни фигури
кит плаче с нос
забит в пясъка

figures de pierre
une baleine pleure
le nez dans le sable

stone figures
a whale is crying
his nose in the sand

Alexandra Ivoylova

деца издигат
пясъчни кули
аз - въздушни

des enfants élèvent
des châteaux de sable
moi - des châteaux dans le ciel

children build
sandcastles
I - castles in the sky

Zlatka Timenova

1-2-3 валс
чайката и вълната –
почти хайку

1-2-3 valse
la mouette et la vague –
presque haïku

1-2-3 waltz
the seagull and the wave –
almost a haiku

Alexandra Ivoylova

счупена мида
куфарът на моите спомени
празен

coquillage brisé
la valise de mes souvenirs
vide

a broken seashell
the suitcase of my memories
empty

Zlatka Timenova

нощта се спуска
по стръмния бряг –
звук на китара

la nuit descend
la falaise –
le son d'une guitare

the night descends
the cliff –
the sound of a guitar

Alexandra Ivoylova

като змия на пясъка
излизам от старата кожа
блестят вълните

serpent sur le sable
je sors de ma vieille peau
les vagues scintillent

like a snake
I slough off my old skin
the waves are sparkling

Zlatka Timenova

плоско камъче
скрито в джоба –
чувам гласа ти

un petit galet
caché dans la poche –
j'entends ta voix

a small pebble
hidden in the pocket –
I hear your voice

Alexandra Ivoylova

перести облаци
ангелски криле
на вятъра

nuages éparpillés
les ailes d'ange
du vent

cirrus clouds
wings of an angel
in the wind

Zlatka Timenova

три реда любов
и малко пясък –
старо писмо

trois lignes d'amour
et un peu de sable –
une vieille lettre

love in three lines
and a grain of sand –
an old letter

Alexandra Ivoylova

сивее под дъжда
кобалтът на вълните
безбройни енсо

le cobalt des vagues
pâlit sous la pluie
d'innombrables enso

bleak under the rain
the cobalt waves
an infinity of enso

Zlatka Timenova

на брега
вечерен полъх
облича телата ни

sur la côte
un souffle de soir
habille nos corps

on the coast
an evening breath
clothes our bodies

Alexandra Ivoylova

дълбоко в морето
събираш перли –
сълзите на другите

au plus profond de la mer
tu ramasses des perles –
les larmes des autres

deep in the sea
you gather pearls –
the tears of others

Zlatka Timenova

заспали бели пясъци
изведнъж две чайки
сменят местата си

sables blancs endormis
soudain deux mouettes
changent de place

sleeping white sands
suddenly two seagulls
change place

Alexandra Ivoylova

телата ни събрали
бреговете на нощта
мълчи прибоят

nos corps réunissent
les rivages de la nuit
le ressac est silencieux

our bodies
housing the shores of night
the waves are silent

Zlatka Timenova

на плажа
сянката на водно конче
върху лицето ти

sur la plage
l'ombre d'une libellule
sur ton visage

on the seashore
the shadow of a dragonfly
on your face

Alexandra Ivoylova

тъмната страна
на луната –
скритите ни желания

le côté noir
de la lune –
nos désirs cachés

the dark side
of the moon –
our hidden desires

I am alone again, and I want to be so, alone with the
pure sky and open sea.
Friedrich Nietzsche

Don't wait any longer. Dive in the ocean, leave and
let the sea be you.
Rumi

Alexandra Ivoylova

на кея
удължени сенки
корабите са отплавали

sur le quai
des ombres allongées
les bateaux ont pris le large

along the pier
elongated shadows
the ships have sailed

Zlatka Timenova

след бурята
нови дюни изплуват
от тишината

après l'orage
de nouvelles dunes émergent
du silence

after the storm
new dunes emerge
from the silence

Alexandra Ivoylova

в очите на капитана
отражения
от сини хоризонти

dans les yeux du capitaine
des reflets
d'horizons bleus

in the eyes of the captain
reflections
of blue horizons

Zlatka Timenova

навътре в морето
онази мълчалива
прегръдка

loin dans la mer
cette étreinte
silencieuse

deep in the sea
that silent
embrace

Alexandra Ivoylova

пясъци –
огледало на
звездите

des sables –
miroir
des étoiles

sands –
mirror of
the stars

Zlatka Timenova

два делфина
скачат над водата –
децата пораснаха

deux dauphins
sautent au-dessus de l'eau –
les enfants ont grandi

two dolphins
leaping from water –
kids have grown up

Alexandra Ivoylova

брега напускат птиците
върху пясъка
небе

les oiseaux s'envolent de la côte
sur le sable
le ciel

the shore abandoned by the birds
over the sand
the sky

Zlatka Timenova

нощен риболов
фенерите на лодките
осветяват тишината

pêche de nuit
les lanternes des barques
illuminent le silence

night fishing
the lanterns of the boats
illuminate the silence

Alexandra Ivoylova

краят на октомври
вятър разлиства на пясъка
забравена книга

fin d'octobre
le vent feuillette sur le sable
un livre oublié

the end of October
the wind leafs through a book
forgotten on the sand

Zlatka Timenova

тераса над морето
два празни стола
един до друг

terrasse sur la mer
deux chaises vides
l'une à côté de l'autre

terrace at the sea
two empty chairs
side by side

Alexandra Ivoylova

под оранжева луна
морето заспива
коленича в душата си

sous une lune orange
la mer s'endort
mon âme s'agenouille

under an orange moon
the sea falls asleep
I kneel in my soul

Zlatka Timenova

септември
медузите танцуват –
имам бяла рокля

septembre
les méduses dansent –
j'ai une robe blanche

September
the jellyfish dance –
I have a white dress

Alexandra Ivoylova

бистро утро
слънчеви мрежи ловят
сенки на риби

matin limpide
des filets de soleil pêchent
des ombres de poissons

a limpid morrow
sun webs catching
shadows of fish

Zlatka Timenova

между две дюни
тънки струйки пясък –
рачето рисува

entre deux dunes
des minces filets de sable –
le petit crabe dessine

between two dunes
thin trickles of sand –
the small crab sketches

Alexandra Ivoylova

пее в раковините
вятърът тежък
от сол и водорасли

dans les coquillages
il chante le vent
lourd de sel et d'algues

in the cockleshells
the wind sings
heavy with salt and seaweed

Zlatka Timenova

вълна след вълна
шепот на камъчета
шепот на камъчета

d'une vague à l'autre
le chuchotis des galets
le chuchotis des galets

wave in wave out
the whisper of the pebbles
the whisper of the pebbles

Alexandra Ivoylova

дълбоко
в плитчината
удавена пеперуда

au plus profond
des eaux basses
un papillon noyé

deep
in the shallows
a drowned butterfly

Zlatka Timenova

момченцето избира
най-малките мидички –
баща му се чуди

le garçonnet choisit
les plus petits coquillages –
son père s'étonne

the little boy chooses
the smallest shells –
his father wonders

Alexandra Ivoylova

краят на романа
пресича залеза
огнено перо

la fin du roman
traversant le couchant
une plume flamboyante

the end of the novel
crosses the sunset
a fiery feather

Zlatka Timenova

фарът изпраща
съобщение на луната
тя почервенява

le phare envoie
un message à la lune
elle rougit

the beacon sends
a message to the moon
it blushes

Alexandra Ivoylova

облачни стада
вълните се отразяват
в небето

des troupeaux de nuages
les vagues se reflètent
dans le ciel

flocks of clouds
the waves are reflecting
in the sky

Zlatka Timenova

непозната азбука –
следи от птици
на пясъка

alphabet inconnu –
des traces d'oiseaux
sur le sable

unknown alphabet –
bird tracks
on the sand

Alexandra Ivoylova

пясъчна лилия
изящните форми на
голо женско тяло

lys de sable
les lignes exquises
d'une femme nue

a sand lily
the delicate curves of
a nude woman

Zlatka Timenova

неподвижна чайка
върху скалата
вятърът я ухажва

une mouette immobile
sur le rocher
le vent la courtise

a motionless seagull
on the rock
the wind woos it

Alexandra Ivoylova

далечни светлини
отраженията им
сближават бреговете

lumières lointaines
leurs reflets rapprochent
les côtes

distant lights
their reflections bring
shores together

Zlatka Timenova

на брега на морето
всяка вълна ме прави
по-малка

au bord de la mer
chaque vague me rend
plus petite

by the sea
every wave makes me
smaller

Alexandra Ivoylova

в старото кафене
седим един до друг
аз и споменът

dans l'ancien café
assis l'un à côté de l'autre
mon souvenir et moi

in the old cafe
sit side by side
my memory and I

Zlatka Timenova

краят на лятото
червено балонче
играе с вятъра

fin de l'été
un petit ballon rouge
joue avec le vent

end of summer
a small red balloon
playing with the wind

Alexandra Ivoylova

огнена пътека
кой ли е минал
по водата ?

sentier de feu
qui serait passé
sur l'eau ?

a burning path
who has crossed
the water ?

Zlatka Timenova

един поет
се ражда –
изгрев над морето

un poète
est né –
l'aube sur la mer

a poet
is born –
sunrise on the sea

Alexandra Ivoylova

в скалата
знак от миналото
което предстои

dans la roche
un signe du passé
à venir

in the rock
a sign of the past
which is yet to be

Zlatka Timenova

късен следобед
тишината на вълните
спира часовете

fin d'après-midi
le silence des vagues
arrête les heures

late afternoon
the silence of the waves
stops the hours

Alexandra Ivoylova

есенно море
тъгата ми достига
хоризонта

mer d'automne
ma tristesse atteint
l'horizon

autumn sea
my sadness reaches
the horizon

Zlatka Timenova

намерих те –
соленият вкус на вятъра
върху устните ми

je t'ai retrouvé –
le goût salé du vent
sur mes lèvres

I found you –
the salty taste of the wind
on my lips

Alexandra Ivoylova

морското казино
синкавият глас на джаза
се плъзга по водата

casino sur le quai
la voix bleuâtre du jazz
glisse sur l'eau

the sea casino
the bluish voice of jazz
glides over the water

Zlatka Timenova

залез над морето
тишината се превръща
в светеща точка

coucher sur la mer
le silence devient
un point lumineux

sunset over the sea
the silence becomes
a brilliant point

Alexandra Ivoylova

съхнат на слънце
оранжеви мрежи
безвремие

des filets oranges
sèchent au soleil
temps immuable

drying in the sun
orange fishing nets
timelessness

Zlatka Timenova

един ден ти каза
Морето е мое
вятърът замълча

un jour tu as dit
La mer est à moi
le vent s'est tu

one day you said
The sea is mine
the wind fell silent

Alexandra Yvoylova

в коша
мъртви риби и умиращи
еднакво тихи

dans le panier
les poissons morts ou mourants
le même silence

in the basket
dead and dying fish
all silent

Zlatka Timenova

буря в морето
рибарят чисти бавно
старата си лула

orage dans la mer
le pêcheur nettoie lentement
sa vieille pipe

storm at sea
slowly the fisherman cleans
his old pipe

Alexandra Ivoylova

кеят на Созопол
проскърцват в тъмнината
празните лодки

le quai à Sozopol
dans le noir grincent
les barques vides

the pier of Sozopol
in the darkness creak
empty boats

Zlatka Timenova

корабът пътува –
ден след ден
вълна след вълна

le paquebot voyage –
jour après jour
d'une vague à l'autre

the liner goes on –
day after day
wave in wave out

Alexandra Ivoylova

чайка в небето
под крилете ѝ
утринно слънце

une mouette dans le ciel
sous ses ailes
le soleil matinal

a gull in the sky
under its wings
morning sun

Zlatka Timenova

разходка на кея
скачам в локвите
от облак на облак

promenade sur le quai
je saute dans les flaques
d'un nuage à l'autre

walk on the quay
I am jumping in the puddles
from cloud to cloud

Alexandra Ivoylova

колко сини цветове
в кой от тях криеш, море
очите на момчето

tant de couleurs bleues
Mer, dans laquelle d'entre elles
caches-tu les yeux du garçon

countless hues of blue
Sea ! In which of them do you hide
the eyes of the boy

Zlatka Timenova

слънцето изгрява
бавно над морето –
ти ли тръгваш пръв

le soleil se lève
lentement sur la mer –
pars-tu le premier

the sun rises
slowly over the sea –
do you leave first

Alexandra Ivoylova

разминаване в Стария град
сенките на мъж и жена
се целуват

Vieille Ville
un homme et une femme se croisent
deux ombres s'embrassent

the Old Town
man and woman pass each other
two shadows kiss

Zlatka Timenova

сърдити вълни
гонят лятото –
думите го посрещат

des vagues enragées
chassent l'été –
les mots l'accueillent

furious waves
chase away the summer –
the words receive it

Alexandra Ivoylova

на здрачаване
бризът довява отнякъде
блус от минало лято

au crépuscule
la brise amène de quelque part
le blues d'un été passé

at dusk
the breeze from somewhere brings
the blues of distant summer

Zlatka Timenova

очите ти
с цвят на морски бриз –
онази изгубена снимка

tes yeux
couleur de brise marine –
cette photo perdue

your sea breeze
coloured eyes –
that missing picture

Alexandra Ivoylova

далечно море
празните ни чаши преливат
от тишина

mer lointaine
nos verres vides
débordent de silence

distant sea
our empty glasses overflow
with silence

ZLATKA TIMENOVA-VALTCHEVA obtained Academic Degree Docteur-ès-Lettres, University of Sofia, Bulgária, and Doctor of Modern Languages and Literatures, University of Coimbra, Portugal, subject: "Le silence littéraire et ses formes dans l'œuvre romanesque de Marguerite Duras".
She is publishing articles and books chapters about literary critics, French literature, theory of translation, comparative literature.
She issued 8 individual collections of poetry (haïkus). Her poems are published in various anthologies, printed in France.
She is a member of : CLEPUL of Universidade de Lisboa ; PEN-club Bulgaria; FHA (French haiku association); EUROPOESIE-UNICEF, France.
Published Poetry in journals and anthologies :
Bulgarian journal Plamak, n° 3/4, 2009 ; n° 1/2, 2010, Sofia; Portuguese journals Babilónia, n° 4, 2006; n° 10/11, 2011, Lisboa; DiVersos, n° 23, Lisboa, 2015; English journal: Blithe Spirit, vol.26, n° 3, 2016; Japanese journal: Ginyu, n° 77, 2018. Des herbes enlacées, haiku in Bulgarian, French, Japanese ; French journal : GONG, n° 62, 2019; Cyberwit's International journal, TAJ MAHAL, vol.16, number1, June 2017; Sonos e Sonhos, Chiado Ed., Lisbon, 2014, 2016; WHA Anthology, Tokyo, 2015, 2016, 2017, 2018, 2019; World haiku, 2016, Morocco; World haiku conference anthology, Parma, 2017; Anthology of Haiku-club Viet-Nâm, 2019.
Published Poetry online : http://literaturensviat.com, n° 24, 2010, and n° 33, 2011 ; Living haiku anthology, Under the Bashô, 2016 ; Sharpening the green pencil, 2016;2nd Symposium Haiku Viet Nâm, 2016.
Individual collections of haïkus :
Chama, a palavra, (in Portuguese and French), Edlp Editora, Lisboa, 2013.
Comme un oiseau contre le vent, Ed. Encres Vives, coll. Ancres blanches, Colomiers, France, 2013.
As a Star dust (in Bulgarian), Ed. Plamak, Sofia, 2013.
Escrito no vento (in French and in Portuguese), with Casimiro de Brito. Ed. Eufeme, Leça de Palmeira, 2017.
Fim de tarde (in Bulgarian, Portuguese, English, Japanese), Ed. Eufeme, Leça de Palmeira, 2018.
Traces of wind (in Bulgarian, Portuguese, English), haiku dialogue with Alexandra Ivoylova, ed. Karina M, 2019.
L'ombre d'un arbre sur un mur (in Bulgarian, French, Arabic). Ed. Kénitra, Morocco,2019.
Cities of words, Lisbon-Sofia, with Alexandra Ivoylova, Ed. Cyberwit-net, 2021.
Publications about haiku :
Le haiku, couleur de femme. In : World haiku, 2016, n°12, Shichigatsudo, Tokyo.
L'élan du haiku slave. In : Arabic haiku and world haiku poetics, Second haiku seminar, Oujda, Morocco, 2016.
L'(im)possible beauté du paysage urbain dans le haïku. In : World Haïku, 2018, n° 14, Shichigatsudo, Tokyo ; Haiku and self-translation, Seminar in CNRS, Paris, 2019 (invited speaker).
Zlatka Timenova received : le Grand Prix du 2ᵉ Concours International « Oku-no-hosomichi Soka Matsubara Internat Competition », 2022 ; le Premier Prix de l'AFH, 2022 ; le Premier Prix Poème court et Haïku de l'Association Europoésie-UNICEF, 2022 ; Mention honorable du Concours Prix Jocelyne Villeneuve, Haïku Canada, 2023.

ALEXANDRA IVOYLOVA graduated from the National Academy of Music in Sofia and holds an M.M. degree in piano performance.
She specialized in Paris and studied chamber singing.
Alexandra has recorded two compact discs: "Baroque arias and songs" and "Reflections – poetry and music" and has had individual exhibitions of art and photo haiga.
Her publications comprise 11 books and collections of haiku, poems translated into eleven languages, haibun, maxims, essays, fragments, as well as literary, art and music reviews.
She is the compiler of the Bulgarian–French bilingual haiku anthology "The town".
In 2022 she received Prix Spécial Europoésie – France, and Honorable Mention at the Third Hoshi no Haiku Star Contest, Japan. 2023 – Tokusen of Kusamakura haiku contest, Kumamoto, and First price of Europoésie – UNICEF, France.
Membership: World Haiku Association, Bulgarian PEN Center, Bulgarian Haiku Union, Elias Canetti International Society, Union of Bulgarian Journalists, Rencontres Européennes Europoésie.
Member of the editorial board of the Bulgarian magazine "Haiku World".